Au Comité du Travail

DE

L'Assemblée Nationale.

Du Travail ! Du Travail utile !

SANS AUGMENTATION D'IMPÔTS.

Nous avons encore TROIS MOIS de misères au service de la République.

Paroles d'un délégué des ouvriers à la commission du Luxembourg.

☞ Remarquer la date : MARS 1848.

Par G. de Failly.

PRIX 15 centimes.

A Paris,

Chez GUILBERT, Quai-Voltaire, 21 bis, et les principaux libraires.

De l'imprimerie de L.-J. MATHIEU, libraire, rue du Bassin, à Mortain.

Le tirage de cette brochure se faisait quand les journées de
Juin sont venues ensanglanter Paris, et en donnant raison à nos
tristes prévisions, plus tôt que nous ne le pensions, ajouter plus
d'actualité encore, s'il est possible, à cette question de l'emploi
immédiat des bras oisifs, au travail le plus utile et le moins dis-
pendieux.

Grâce à l'héroïsme des Gardes nationaux et de l'armée, la
cause de l'ordre, de la liberté, de la société toute entière, compte
une victoire de plus; mais ce ne serait encore qu'une victoire
stérile ou qui ne nous donnerait tout au plus qu'un rayon de so-
leil entre deux orages, si l'on n'enlève pas à ces barbares de so-
cialismes l'appui qu'ils trouvent dans les misères trop réelles d'un
grand nombre d'ouvriers qui les suivent sans parti pris contre
l'ordre social, sans aucune opinion arrêtée, et qui, n'écoutant
que leur souffrance, sur la foi de mensongères promesses, croient
fuir le malheur et n'arrivent qu'au crime.

Nous croyons donc plus nécessaire que jamais, aujourd'hui, que
le gouvernement s'applique par des actes à relever le travail; il
n'y réussira qu'en s'efforçant, avant tout et autrement que par
des paroles, de rendre à la propriété pleine confiance, afin que
la consommation, en prenant son niveau ordinaire, rouvre peu
à peu tous les ateliers de l'industrie et de l'agriculture. Puis ensuite, comme le mal ne se répare pas, tant s'en faut, aussi vite
qu'il se fait, et qu'il s'écoulera long-temps encore avant que la
prospérité nationale se relève du coup qui lui a été porté par le
gouvernement de la commission exécutive, que l'on crée des
ateliers nationaux, qu'on les disperse par toute la France, afin
que cette fois ses enfants y trouvent un travail utile, moral, productif et non ruineux, tout autre, en un mot, qu'il a été jusqu'à
ce jour.

L'on avait pu un instant espérer que les comptoirs nationaux d'escompte prendraient assez d'extension dans les départements pour y soutenir efficacement le travail agricole et industriel.

Cet espoir se fondait sur un calcul bien simple, celui du nombre des censitaires au-dessus de 200 fr.; que chacun d'eux, l'un dans l'autre, eût pris seulement *une* action de 200 fr., et tout d'un coup 44 millions se déversaient sur la France. C'était la ruine s'arrêtant à la porte d'une multitude de familles riches la veille; c'était la pauvreté s'arrêtant à la limite de la misère, et ne franchissant pas ce redoutable pas qui sépare la souffrance du désespoir.

Malheureusement, en tant qu'entreprises nationales, et à ce point de vue de l'intérêt public, l'utilité, l'urgence des comptoirs n'ont pu être sentis par les personnes peu familiarisées avec les questions de crédit, ni triompher de cette prévoyance égoïste qui ne veut pas chercher son propre salut dans la voie la plus sûre et la plus large : celle du salut de tous.

Cette anxiété maladive du lendemain, de l'avenir d'un long avenir, qui fige le cœur, obscurcit l'esprit et crispe la main autour de l'écu que le travail attend, non pas lui pour le pain du lendemain, mais pour celui du jour, est le mauvais génie qui s'assied au berceau de toutes révolutions et qui leur souffle ces folies furieuses de la terreur dont elles meurent après avoir tué.

En tant qu'entreprise privée, et au point de vue de l'intérêt individuel, les comptoirs, comme toutes les institutions créées à la hâte et pour parer aux besoins du moment, présentaient beaucoup d'objections; tous se rendant compte que si un tiers seulement du capital pouvait être perdu, il était très-possible que ce capital ne produisît rien tant que le développement des comptoirs serait restreint. Puis venaient les récriminations; la propriété se plaignait de ne retirer aucun profit des comptoirs, comme si ce n'était pas surtout l'agriculture qui a besoin de capitaux, et qui ne peut se les procurer que le plus difficilement et au plus haut prix; sans doute l'utilité la plus immédiate était pour le commerce, mais la propriété aurait promptement eu son tour, c'est ce que les propriétaires d'Allemagne et d'Angleterre ont si bien senti, que ce sont précisément eux qui ont pris l'initiative de la création des banques agricoles.

Le commerce, à son tour, s'est récrié; « on nous demande de l'argent, a-t-il dit, et c'est nous qui en avons le plus besoin. » Comme si ce n'était pas lui qui devait immédiatement prendre cet argent triplé par la mise de l'État les souscriptions des non-commerçants.

A tous ces motifs, ajoutons chez beaucoup une impuissance réelle; la fortune publique et privée a été frappée si subitement, et si gauchement secourue par le gouvernement, que toutes les sources de revenus, subitement taries, ont laissé passer le niveau de la gêne sur les positions les plus aisées la veille.

Ainsi beaucoup de ceux qui auraient pu contribuer à la fondation des comptoirs ne l'ont pas voulu, et le nombre plus grand de ceux qui l'auraient voulu ne l'a pas pu. Il ne faut

onc pas se le dissimuler, les illusions ne ser-
ent à rien qu'à se réveiller trop tard; cette
uissante institution de crédit ne s'implantera
ue lentement, progressivement en France, et
e réalisera pas l'utilité la plus grande dans les
irconstances actuelles : le maintien du travail
ans les ateliers privés.

Le travail, cependant, c'est la loi impérieuse
u moment, c'est la voie de salut. Si l'ouvrier
'y trouve pas sa vie et celle de sa famille,
faudra qu'il la demande à l'aumône; ou plu-
ôt non, à la violence. Car la misère, quand elle
rrive à certaines proportions, sent elle-même
u'elle dépasse la puissance de la charité pri-
ée et publique, et horriblement tentée par
e sentiment de sa force, elle préfère l'attentat
ontre les personnes et les propriétés à la dé-
radation de la mendicité; en vain lui crierait-
n que des victimes ne nourrissent pas, que
a terreur tarit le travail jusque dans ses der-
ières sources, et que le mal ainsi s'aggrave-
ait démesurément de ce que des malheureux
uraient pris pour un remède; nulle voix ne
rait assez puissante pour se faire écouter,
r la faim ne raisonne pas; et c'est parce qu'elle
raisonne pas qu'elle absout d'avance ces
uvres sourds qu'elle a poussés à tous les
cès.

Mais qu'est-ce qui absoudrait le pouvoir, qui,
ur ne rien faire, n'aurait rien voulu prévoir?

Qu'est-ce qui absoudrait ces élus de la quié-
de parfaite, doucement bercés dans leur
oïsme, qui n'auraient pas usé de toutes leurs
rces pour conjurer le danger?

Serait-ce que le souvenir des événements de
uzançais est trop loin d'eux?

Serait-ce que leur pensée peut se fixer doucement, et le sourire aux lèvres, sur le tableau d'une famine éclatant au milieu d'une république naissante, c'est-à-dire sous la forme politique, qui, par ses malheureux souvenirs, sollicite tous les instincts de désordre et toutes les convoitises? ou bien serait-ce, ô naïveté de l'âge d'or! que ce pouvoir chancelant, divisé, sans principes et sans courage, fort contre le faible seulement, ce je ne sais quoi; en un mot, qui se croit un gouvernement parce qu'il touche et dévore mieux que ses dévanciers notre énorme budget, leur paraît donner toutes les garanties possibles de fermeté et de répression contre cette minorité turbulente, tyrannique et sans frein moral, qui roule et pèse sur cette masse des hommes d'ordre engourdis de bien-être, enchevêtrés de scrupules, comme la vague sur la profondeur de la mer et s'appelle insolemment, elle-même, le flot populaire, parcequ'elle en a le bruit et l'écume.

Cette immense majorité, qui veut en France l'ordre dans la liberté et le progrès, tient son avenir dans ses mains; mais à la condition de vouloir voir le mal et d'agir à temps; pour Dieu! qu'elle ne prenne pas le calme d'un jour pour la paix, qu'elle ne se laisse pas aller à ces rêves dorés que l'amour passionné du repos et la jouissance du présent ne lui suggèrent que trop.

Le 22 février, les hommes du gouvernement déchu ne trouvaient-ils pas tout pour le mieux dans la meilleure des Frances possible? Ah! nous comprendrions cet optimisme endurci et niais si, en se bouchant les oreilles pour ne pas entendre, on empêchait le tonnerre de gronder, si en fermant les yeux pour ne pas voir l'éclair, on empêchait la foudre de tomber. Mais puisqu'il n'en est pas ainsi; puisque ce qui est bien, ce qui est raisonnable, ne l'emporte pas par son propre poids dans les balances de ce monde, puisque le salut est à la condition de lutter, majorité et gouvernement, luttez donc pour étouffer le danger dans son germe.

Sous la brûlante atmosphère des révolutions, les germes poussent si vite, qu'un moment, un instant de raison sépare l'action à temps, qui sauve tout, de l'arrêt fatal : il est trop tard.

Le travail productif, largement créé, est l'unique moyen de sortir sans catastrophe de la situation actuelle. Une commission d'ouvriers a dit au gouvernement provisoire : « Nous avons « encore trois mois de misère au service de la « république. » Le terme approche et les questions de forme politique à donner à la république, les discussions de personnes, paraissent absorber toute l'attention publique.

Donner à tous, et partout, un travail immédiat et fructueux, c'est tout bonnement la question de la marche pacifique ou sanglante de la révolution de février.

Qu'est-ce qui maintient ces bandes qui parcourent les rues de Paris, laissant derrière elles l'inquiétude qui tue le commerce et le crédit ? C'est le manque de travail.

Qu'est-ce qui maintient ces prétoriens du Champ-de-Mars, qui ont fait de Paris un camp armé ? raison et prétexte : c'est le manque de travail.

Qu'est-ce qui recrute pour le communisme

dans toutes les parties de la France? la misère née du manque de travail.

Qu'est-ce qui laisse debout, comme un épou vantail pour toute l'industrie, ces théories creu ses de Louis Blanc? c'est le manque de travail Faute de pain, l'on donne à l'ouvrier des rêve et des phrases dont sa raison, si la souffran la laissait parler, eût fait depuis long-temp justice.

Qu'est-ce qui rend presque impossible l solution pacifique, la discussion paisible raisonnée de cette grande et inévitable que tion de l'organisation du travail, où les consé quences de toute erreur seront si désastreuse c'est encore le manque de travail. Le tem presse, les impatiences sont surexcitées, l'o court au plus vite, au plus urgent, au plus spé cieux, au plus séduisant, au risque de ne ren contrer que le plus faux et le plus nuisible au intérêts mêmes que l'on prétend servir.

Qu'est-ce qui accroît, outre mesure, les charges de l'État et rend une banqueroute im minente? sans aucun doute c'est d'abord l'inep tie et l'injustice dont sont marqués tous les décrets financiers du gouvernement; mais n'est-ce pas ensuite le fardeau journellement et indéfiniment croissant des ouvriers sans travail?

Ainsi, par le manque de travail la misère croît! les ressources s'épuisent, l'ouvrier des campagnes s'indigne d'être écrasé, celui des villes de n'avoir pas assez; les riches s'appauvrissent sans enrichir les pauvres, tous se plaignent; les récriminations naissent, les défiances grandissent jusqu'à la menace, les souffrances parlent, la raison se tait, les exigences s'exagèrent; alors les rêves les plus étranges trouvent des séides, les utopies les plus sanglantes ou les plus folles battent le pavé et irritent les désirs, l'anarchie retrouve ses chances et les partis renaissent. Au milieu de ces effroyables tiraillements l'on sent trembler autour de soi tout l'ordre social. Chacun se demande : ce pêle-mêle de ruines, est-ce le tombeau de toute société en France? est-ce le cahos qui porte en lui le germe fécond d'un nouveau monde? Nul n'ose se répondre; car à voir l'inhabilité, l'indécision et la petitesse des mains qui tiennent le pouvoir, et la grandeur des circonstances, la crainte domine l'espérance et la nation entière reste pétrifiée dans une incertitude qui aggrave tous les maux.

Le travail, donner du travail, est si bien l'unique remède à la situation actuelle, que si tout-à-coup il venait à renaître, s'il y en avait pour tous les besoins, subitement la société changerait de face; tout ce qui la trouble et l'agite disparaîtrait comme sur un théâtre une décoration de l'enfer au coup de sifflet du machiniste. Chaque chose reprendrait sa place et son nom.

Le terrorisme serait la folie furieuse d'une minorité ambitieuse, exaltée par son impuissance.   Pitié.

Le communisme! l'utopie de ces travailleurs félons qui ne demandent tout bonnement qu'à ne plus travailler et à profiter du travail d'autrui.   Mépris.

L'organisation du travail! une conciliation des justes droits du salaire et du capital, à chercher de suite et sans relâche, mais avec la réflexion, l'impartialité, le sang-froid, le dévouement chrétien et patriotique d'une question de vie ou de mort.

Il y aurait un temps d'arrêt sur cette voie rapide de la banqueroute; et cette masse immense de misères, qui flotte aujourd'hui au sein de la société comme ces îles de glace, errantes dans l'Océan, qui brisent tout ce qu'elles touchent, se fonderait d'elle-même, et en s'abîmant ne laisserait plus à ces passions, à ces partis, à ces haînes qui cherchent à s'appuyer sur elle, que le découragement d'une impuissance manifeste.

Dès lors, le gouvernement n'ayant plus à lutter que contre des circonstances à peu près ordinaires, la médiocrité des gouvernants n'effrayerait plus, et il ne tiendrait qu'à eux, n'ayant plus que le petit courant habituel des affaires d'Etat, de faire renaître la confiance, ce talisman de la richesse sociale, qu'ils ont laissé si vite échapper de leurs mains.

Grâce à la manière dont les affaires ont été conduites depuis la révolution, la résurrection du travail est une œuvre à laquelle ne suffit plus la force seule du gouvernement et qui demande tous les efforts individuels. Il faut donc aller au devant de toute idée fausse chez ceux qui ont accueilli avec sympathie la révolution de février; de toute arrière-pensée chez ceux qui ne l'ont vue qu'avec défiance et hostilité, afin que tous concourent activement, avec toutes leurs forces, toute leur bonne volonté, à la solution de cette grande question du travail pour tous les besoins, pour tous les bras.

Certains amis de l'ordre ne se rassurent et n'espèrent que dans un déploiement énorme de force matérielle. La bayonnette est la seule Sainte qu'ils invoquent; l'ordre, pour eux, dépend de la simple addition du nombre des soldats, gardes-nationaux, etc. Doit-on craindre, doit-on espérer?.. C'est tout bonnement une opération arithmétique qu'il s'agit de faire pour se répondre à soi-même.

La force matérielle seule a fait son temps. Ne suffit-il pas, pour s'en convaincre, du spectacle, ce me semble assez fréquent, de ces trônes croulant, comme des châteaux de cartes, au milieu de leurs soldats? Le fait de la force n'a que des triomphes d'un moment, il ne peut prévaloir contre le droit de vivre; ce droit au pain de chaque jour est si terriblement explosible qu'il n'est pas de force au monde qui puisse long-temps le contenir.

Les autres s'imaginent que l'ordre ne peut être sauvegardé dans un état que par la forme monarchique, et sans désirer précisément le désordre et que tout aille au pis sous la République, ils ne cherchent point à lutter contre ce qu'ils croient une nécessité fatale et attendent dans l'inertie que de l'excès du mal et de l'anarchie naisse la possibilité de la restauration qu'ils espèrent.

Qu'ils ne s'abusent pas; les formes politiques n'ont plus l'influence qu'on leur prête : la raison générale et l'opinion sont les seules forces régulatrices des sociétés modernes, et par cela même la forme républicaine se prête plus que toute autre à la garantie de l'ordre. Pourquoi, d'ailleurs, s'entretenir dans l'illusion? L'avénement de la démocratie dans son expression la plus large est un de ces faits qui porte son caractère providentiel écrit en lettres gigantesques, et dans la progression qu'il a suivi, et dans l'irrésistibilité de sa marche, et dans la manière dont les rois tombent. L'arbre monarchique en France, réputé si vivace, avait poussé deux branches : l'une est morte de décrépitude et d'inanité, comme ces vieillards qui, après avoir glorieusement et honorablement accompli leur mission en ce monde, se trouvent si fatigués d'avoir tant vécu, si étrangers à la génération nouvelle, que la tombe leur est devenue un besoin et qu'ils semblent ne pas vouloir se défendre contre elle ; l'autre est morte de pourriture, sous le poids d'un inénarrable mépris.

Ce sont là de ces morts dont on ne réssuscite jamais en France. L'anarchie peut y déchaîner ses fureurs, la désorganisation peut saper toutes les bases de l'édifice social, la royauté ne briserait pas la pierre de son sépulcre : il y aurait une république sanglante, les convulsions d'un état qui se meurt, un démembrement peut-être, mais voilà tout. Napoléon ne fut pas assez puissant pour conserver cette couronne que, selon son expression, il avait trouvée dans la boue ; quel serait aujourd'hui le prétendant assez hardi ou présomptueux pour la prendre sur l'étal d'une boucherie ?

Que l'on ne s'y trompe donc pas ; donner aujourd'hui à la République les moyens de suivre une marche régulière et pacifique, ce n'est pas soutenir seulement une forme de gouvernement, c'est défendre l'existence même d'une société ; que l'on se pénètre de cette vérité ; les partis politiques ont fait leur temps, il ne peut plus y avoir que des partis sociaux.

Du travail ! du travail ! donner du travail, c'est le premier devoir, c'est le plus grand intérêt de tous les citoyens, sans acception de partis ; l'humanité et la religion le réclament ; l'ordre et la liberté sont à ce prix, car c'est le plus puissant moyen d'ôter tout aliment aux passions subversives, tout prétexte à l'arbitraire du gouvernement et à ce système de gaspillage et d'expédients plus entachés les uns que les autres d'inconséquence, d'insuffisance, d'irréflexion et d'injustice.

L'urgente nécessité de donner du travail avant tout sera, nous l'espérons, assez généralement admise en principe; mais à quel travail appliquer le plus utilement ces masses de bras laissés oisifs par la mort et l'agonie du commerce et de l'industrie, et quel est le travail qui sollicitera assez vivement les détenteurs de capitaux pour les décider à y verser leurs fonds, et trouver ainsi les ressources suffisantes sans imposer de nouvelles charges aux contribuables.

Ici encore il faut en convenir : le choix des travaux faits par le gouvernement est si malheureux qu'il y a eu évidemment à la fois fait exprès et impéritie.

Ainsi les travaux du Champ-de-Mars, qui coûtent énormément et ne rapportent rien, sont ruineux et par là même anti-nationaux. Encore si ce n'était qu'une ruine; à la longue les plaies d'argent se referment; mais c'est une honte pour le gouvernement qui les a établies, ou un outrage pour les provinces qui l'ont souffert et payé. L'un et l'autre peut être. Honte ! car ce travail n'est qu'un tribut payé par la peur au peuple d'une seule ville, au détriment de la France. Outrage ! car il a été maintenu par l'insolente ambition d'un tribun, pour peser sur la volonté de la province, et peser sur ses représentants de tout le poids d'une menace appuyée par une horde sans frein de 100,000 hommes.

Que dire encore de ces ateliers nationaux, créés

par le gouvernement pour la confection d'habits, de chapeaux et de souliers? N'est-il pas évident qu'ils escomptent le travail du lendemain au profit de celui du jour; car il eût fallu nécessairement que l'industrie privée fît confectionner ces objets de nécessité première. Le gouvernement, en se mettant en concurrence avec elle, vient donc ôter le travail à la main droite de l'ouvrier pour le donner à la main gauche, et faire plus mal et plus chèrement; c'est d'ailleurs là quelque chose de si insuffisant pour venir au secours de tant de souffrances, qu'il est difficile d'y voir autre chose que le besoin de satisfaire, non la faim du pauvre, mais l'amour-propre bien autrement insatiable de l'auteur de l'organisation du travail.

Dans un accès de lâcheté, le gouvernement déchu s'est trouvé assez riche pour payer sa gloire, et M. Garnier-Pagès nous a appris ce qu'il en était des finances de la France. Où irons-nous, et à quel niveau de détresse sommes-nous destinés, si le gouvernement républicain croit la France assez riche pour satisfaire toutes les vanités d'auteurs ou autres des membres qui le composent, ou s'il veut essayer d'appliquer les systèmes de ces jeunes plumitifs de fortune qui, dans ce grand cahos d'idées plus ou moins neuves qui tourbillonnent toujours dans le sillage des révolutions, choisissent non la plus juste, non la plus vraie, non la plus pratique, mais la plus parée de clinquant, la mieux frottée de popularité, celle en un mot qui peut le mieux servir de manteau à leur ambition effrénée.

Dans les tourmentes politiques, certains hommes sont comme certains chevaux doués d'un si sûr instinct du râtelier, qu'ils ne s'écartent jamais de la bonne route de l'intérêt personnel, le long de laquelle, à les en croire, ils courent si agilement au secours de la République qu'ils vont sauver.

Inutile de s'appesantir plus long-temps sur ce que le gouvernement a fait jusqu'ici ou censé avoir fait pour le travail, c'est vite résumé : ruine, faute et ineptie. L'on y sent la politique avant l'humanité, et quelle politique! la préoccupation exclusive de Paris, le faiseur et le défaiseur du pouvoir, est un oubli égoïste ou un dédain insolent du reste de la France. C'est pour étouffer les plaintes et les menaces de Paris que la province a subi impôts sur impôts, a sué l'argent par tous les pores, et le gouffre n'est pas comblé; il est toujours là béant, il n'a fait que s'agrandir de tout ce qu'y a jeté la main maladroite et alourdie de considérations personnelles du gouvernement provisoire; le mal s'est accru du remède. Ainsi le Champ-de-Mars, en paralysant la confiance et le crédit, a fait fermer plus d'ateliers et ôté plus de travail qu'il n'en a donné.

Les ateliers nationaux de tout genre ont attiré la misère de toutes les provinces à Paris, puisque là du moins les proconsuls donnaient du pain et le spectacle gratis; mais cette émigration de la faim grandissant outre toute mesure, on essaya de lui interdire Paris, par arrêté de la préfecture de police; effort inutile, on ne repousse pas les hommes dans la mort, même sous la dictature de certains démocrates. Force était dès lors de frapper la province de nouveaux impôts; autant d'argent retiré au travail, nouveau flot de bras inoccupés qui affluait sur Paris, nouvelle cause de désordres, nouvel obstacle à la reprise du commerce. Ainsi, plus Paris pompait et aspirait l'argent de la province, plus la province diminuait son travail et renvoyait de pauvres à Paris, à ce terrible jeu qui s'usera le plus vite de la patience de l'opprimé ou du fouet d'une capitale oppressive; car enfin tout a un terme, même la passivité chinoise d'une province française. Il faut donc à cet égard rompre, au plus vite et radicalement, avec les systèmes et les faiblesses du gouvernement et entrer résolument dans une toute autre voie.

Un seul travail nous paraît réunir toutes les conditions d'utilité la plus grande et la plus générale; un seul sollicitera assez vivement les forces et les intérêts individuels pour attirer les capitaux et fournir les moyens d'exécution, sans aucune augmentation des charges publiques; c'est l'achèvement immédiat de tous les chemins vicinaux de grande communication.

En comparant ce travail avec celui de l'achèvement des chemins de fer, qui est jusqu'ici ce qu'on a proposé de plus utile, on en fera mieux saisir tous les avantages.

Les ateliers nationaux, créés pour l'un ou l'autre travail, sont également un moyen de dégorger Paris, de lui rendre le calme et la confiance, de faire enfin respirer librement la France; mais les chemins de fer profitent avant tout à Paris et à un certain nombre de localités, tandis que les chemins vicinaux profitent à toutes les parties de la France: leur utilité est donc bien plus générale. Ne présentent-ils pas en outre un caractère de justice que nulle autre entreprise ne peut avoir. Depuis assez long-temps, les campagnes sont sacrifiées aux villes.

Qui cependant supporte le plus lourd poids des charges publiques? Les campagnes.

Que leur rend-on? Rien! rien! rien!

Qu'a-t-on fait enfin pour le bien de l'agriculture, si ce n'est des phrases sonores dont il n'est jamais tout au plus sorti que des espérances amèrement déçues? Or, qu'est-ce qui manque avant tout à l'agriculture? Ce sont les voies de communication.

Il y a donc là plus qu'une entreprise d'utilité publique, il y a un devoir de réparation nationale. Ne pas entreprendre ce travail de préférence à tout autre, ne serait-ce pas s'exposer à laisser soupçonner que sous tous les gouvernements, même les plus cuirassés de fierté républicaine, la peur rend plus de décrets que l'équité, et qu'il vaut mieux, pour s'attirer les bonnes grâces de la République, la faire trembler sous les menaces d'anarchie, comme les ouvriers de certaines villes, que la nourrir et la servir dans le calme du droit et la souffrance patiente et résignée des ouvriers des campagnes.

Les chemins de fer nécessitent des agglomérations considérables de travailleurs sur un petit nombre de points. Ces hommes, loin de leurs familles, venus de toutes les parties de la France, sans liens entre eux, sans solidarité, sont plus accessibles par ces raisons à ces tentations d'un socialisme qui s'adresse à toutes les convoitises et constitue dans les circonstances actuelles un danger permanent.

Le travail aux chemins vicinaux, au contraire, éparpille les ouvriers sur tout le sol de la France, il les rejette au sein de la famille, en contact avec la petite propriété, qu'ils sentiront ainsi davantage à leur portée, et sous l'influence

de ces deux forces morales, bases d'appui de toute société, ils deviendront d'actifs agents de pro-
duction et non plus de désorganisation.

De là il résulte encore, et c'est une considéra-
tion importante dans l'état financier actuel de
la France, que les ateliers nationaux pour les
chemins de fer sont obligés de dépenser beaucoup plus pour occuper beaucoup moins de
bras ; car l'ouvrier, loin de son foyer domesti-
que, ne peut évidemment vivre qu'avec un salaire très-supérieur à celui qui lui serait nécessaire pour avoir le même bien-être, en restant
au sein de sa famille. Le premier sera mécontent avec 2 à 3 fr. par jour ; le deuxième s'esti-
mera heureux avec 1 fr. ou 1 fr. 5o.

Puis a-t-on réfléchi à cette quantité immense
et si respectable de travailleurs des campagnes,
qui ne possèdent qu'une propriété trop petite
pour faire vivre eux et les leurs pendant toute
l'année, et qui sont forcés de demander au salaire l'autre moitié de leur vie ? Si l'on ne met
pas l'atelier national à leur portée, s'il faut qu'ils
aillent le chercher au loin, que deviendront-ils ?
quitteront-ils leur petit champ ? Mais la très-petite
culture n'est fructueuse, n'est possible même que
dans les mains du propriétaire lui-même. Pour-
ront-ils supporter les frais de déplacement ? Si
donc le travail ne vient pas les trouver, on ne
leur laisse que l'alternative du désespoir.

Tandis que les ateliers nationaux de chemins
de fer désorganiseront pour long-temps le travail
et l'industrie privée, en déplaçant toute la population ouvrière et l'attirant de fort loin, l'atelier
national de vicinalité en laissant l'ouvrier sur place
le fait rester immédiatement sous la main de l'industriel ou du grand agriculteur, en sorte que si

l'Assemblée nationale montrait enfin par ses actes cette énergique volonté de l'ordre et de la liberté, cette résolution de ne plus se laisser aller aux hommes de parole et de demi mesures, l'incertitude de l'avenir, en disparaissant tout d'un coup, laisserait la vie nationale reprendre son libre cours, et avec elle le commerce et l'industrie renaître. Quel immense avantage ce serait alors pour le chef d'usine, qui a besoin d'ouvriers spéciaux, de retrouver sans perte de temps, sans frais de déplacement, presque tout son personnel! Quelle déperdition de richesse sociale évitée par le passage sans transition de la mort à la vie.

Où l'agriculture qui, dans certaines provinces, a déjà tant de peine à se procurer et à garder les bras dont elle a besoin, irait-elle reprendre ceux qu'il lui aurait fallu congédier, s'ils avaient émigré au loin pour trouver le travail? Pourrait-elle même jamais les reconquérir? N'est-ce pas un fait malheureusement trop général que cet irrésistible attrait des villes qui pompe tout ce qu'il y a de jeune, de sain, de mécontent de son sort dans les campagnes, qui les épuise, pour donner aux villes cet excès de vie, cette surabondance de force, qui se traduit par la concurrence désordonnée de l'ouvrier contre l'ouvrier, et ce fléau croissant du paupérisme? Or, si l'émigration rurale n'est point arrêtée aujourd'hui par l'incertitude du sort qui attend l'ouvrier dans les villes, que serait-elle si elle était stimulée par la certitude d'y trouver du travail?

Aucun genre de travail ne peut présenter tous ces avantages réunis, et au même degré; mais nous ajoutons qu'il est le seul possible, parce que seul il porte en lui-même les moyens de trouver les ressourcee suffisantes , sans se jeté dans les voies de violence et d'exaction qui , en définitive , n'aboutiraient qu'à l'impuissance.

Comment en effet le gouvernement se procurerait-il les sommes énormes qui lui seraient nécessaires pour l'établissement des ateliers nationaux de chemins de fer, sur une échelle assez vaste pour occuper tous les bras?

Serait-ce au crédit qu'il s'adresserait? Evidemment non; ce serait s'exposer au nouvel affront de l'emprunt national de 100,000,000, qui attend toujours ses souscripteurs? La conduite des hommes du gouvernement est d'ailleurs si molle, si indécise, ses mesures financières ont été marquées d'un tel cachet de précipitation, d'injustice et d'insuffisance , et ses dépenses croissantes ressemblent tellement au gaspillage, que cet immense besoin d'ordre que l'on sent dans toutes les parties de la population ne peut ramener la confiance et surmonter la crainte d'une banqueroute imminente.

Serait-ce à l'entreprise même qu'il faudrait demander les ressources suffisantes, en ressuscitant le système des bons de chemins de fer ou un système analogue? ce serait encore inutile.

Les chemins de fer, surtout administrés par l'Etat, ne donneraient pas de long-temps un revenu suffisant pour servir l'intérêt élevé qu'il serait indispensable d'attribuer aux bons, pour attirer les capitaux dans les circonstances actuelles ; qu'est-ce qui garantirait donc le surplus? L'Etat; mais, nous le répétons, le taux de la rente dit assez de quel crédit il jouit.

Le gouvernement ne pourrait donc essayer de se procurer l'argent nécessaire qu'à l'aide de l'impôt; mais il est déjà arrivé à un taux tellement écrasant qu'il ne pourrait être augmenté sans s'appuyer outre mesure sur le levier dangereux de la force publique, sans épuiser l'argent, que chaque individu eût pu répandre en travail, et créer par là même, d'un côté au moins, autant de bras oisifs que de l'autre on aurait réussi à en occuper. En réalité, cela n'aboutirait donc qu'à ce qu'il y a de pire en politique : des vexations inutiles.

Pour l'exécution des chemins vicinaux, au contraire, les fonds sont tout faits, sans frapper de nouveaux impôts, et ils portent en eux-mêmes leurs propres ressources.

En effet, les sommes nécessaires à la construction des chemins vicinaux sont fournies par les centimes additionnels des communes et par les subventions facultatives du département; mais les sommes provenant de ces sources rentrant annuellement, il n'y a donc chaque année, en dehors des prestations en nature, que des sommes assez faibles à appliquer à la construction des chemins vicinaux, ce qui les fait rester inachevés souvent 8 et 10 ans. Il s'agirait de faire finir de suite tous les chemins commencés, en réalisant immédiatement les sommes qui, dans le système actuel, y auraient été appliquées en plusieurs années.

C'est ce qui nous paraît facilement réalisable à l'aide des mesures ci-dessous.

Fixation immédiate du chiffre de la subvention accordée par chaque département et le nombre d'années dans lequel elle sera perçue;

Emission de bons dits bons de vicinalité, pour une somme égale à celle que doivent produire les centimes additionnels des communes et la subvention départementale, pendant le nombre d'années nécessaires, dans le système actuel, pour la terminaison de tous les chemins de grande communication en cours d'exécution, ou votés, et dont l'époque de remboursement serait étagée d'année en année, d'après la somme annuelle qui serait produite par ces deux sources d'impôt.

Ces bons, divisés en coupures de 50 fr., produisant 1 centime par jour, ayant pour garantie les sommes à provenir des centimes communaux et de la subvention départementale, l'admissibilité de droit de ces bons, échéant dans l'année, pour l'acquittement des impôts.

Pour subvenir à l'intérêt de ces bons, impôt sur la circulation, sur les routes vicinales, perçu sans frais et sans barrières, en imposant l'obligation à toute voiture trouvée sur les routes, et sous peine d'une forte amende, d'être munie d'une plaque dite de vicinalité;

Trois tarifs différents pour ces plaques : l'un très-bas pour l'agriculture et les voitures occupées au transport des denrées agricoles, l'autre plus élevé pour le roulage en général, la troisième très-élevé pour les voitures suspendues;

En cas d'insuffisance de la taxe de circulation, impôt progressif sur les propriétés, dans le rayon de 4 kilomètres de la route; cet impôt au maximum d'un 6ᵉ, au minimum d'un 10ᵉ du principal de la contribution foncière. Ces deux impôts seraient provisoires et uniquement et exclusivement établis pour le temps, dans le système actuel, qu'il eût fallu pour l'achèvement de la route.

Les ouvriers des communes contribuant aux dépenses de la route seraient reçus de droit dans ces ateliers nationaux de vicinalité, en prouvant qu'ils ne peuvent se procurer de l'ouvrage ailleurs. Les communes qui n'auraient pas sur leur territoire d'ateliers nationaux de vicinalité seraient tenues de payer une légère contribution pour les ouvriers qui ne pourraient trouver à s'occuper dans la commune même.

Une loi sur ces bases donnerait le moyen de se procurer de suite tous les fonds dont on aurait besoin; car elle irait demander l'argent là où il est, surtout aujourd'hui, c'est-à-dire à la moyenne propriété des villes et des campagnes, chez qui l'économie a de longue date accumulé les capitaux. Elle triompherait de la prudence ou plutôt de la défiance de ces capitalistes, par la solidité du gage affecté à la garantie de leur argent, par l'appât d'un intérêt élevé, par l'invariabilité et la mobilité du capital, par la plus value considérable qui résulterait pour leurs propriétés, par la satisfaction toute naturelle de voir l'argent prêté dépensé près de son clocher, d'être assuré ainsi de remplacer l'aumône par le travail et décharger le bureau de bienfaisance au profit de l'atelier national. Nous ne croyons pas qu'il existe un autre genre de travail qui puisse exciter au même dégré l'intérêt individuel et l'amour du clocher.

L'exécution immédiate et simultanée des voies vicinales n'entraîne d'autre surcroît de dépense que celui nécessité par le service des intérêts des bons émis. Mais qui donc pourrait se plaindre de cette augmentation des charges publiques. Le roulier et l'agriculteur qui dans le système actuel, auraient attendu dix ans la route, ne sont-ils pas, et au centuple, dédommagés par l'économie que son ouverture immédiate leur permet

le réaliser sur leurs transports. Le propriétaire
ne trouve-t-il pas, dans l'accroissement inévitable du prix de fermage de sa propriété,
résultant de la facilité des communications,
une large indemnité pour le surcroît d'impôts,
provisoire et conditionnel, qu'il aurait à supporter.

Ainsi, l'on ne demanderait qu'à ceux qui
profitent, et beaucoup moins que ce dont ils
profitent.

Je me suis efforcé de ne présenter que des
idées depuis long-temps mûries par la discussion, ou pratiquées à l'étranger, et de les appliquer à la solution de la question du travail et des ateliers nationaux. Mais elle met en
jeu tant de passions, tant de politique, surtout,
que je n'ose espérer que ce que je crois jus-
ce, prévoyance et raison soit seulement en-
tendu.

Dès lors, dira-t-on, pourquoi avoir écrit?
Pourquoi, quand les faits vont plus vite que
la pensée et débordent l'imagination même;
quand ces ouragans de la providence passent
sur la terre pour prouver la faiblesse de la
force, la déraison de la raison, l'inanité de toute
théorie, et balayent une société toute entière
sans rien édifier; pourquoi dans ce fracas élever la voix et jeter au hazard un projet de plus
dans ce tourbillon de mille et mille projets
qui floconnent comme une neige autour des
révolutions. L'on écrit presque malgré soi, comme la graine développe son germe sous la chaude
atmosphère du printemps; parceque, dans cette
ronde infernale que dansent autour de vous
toutes les idées de bien et de mal, déchaînées
par les révolutions, pêle-mêle et confondues,

l'imagination se sent prise de vertige, et l'on crie pour crier, dût-on perdre sa voix dans le désert.

Parce que, quand la voûte de l'édifice tombe, c'est un instinctif mouvement de conservation d'élever ses bras en l'air, comme si le roseau pouvait l'empêcher de crouler.

Parcequ'enfin, quand on ne combat plus pour le succès, on doit encore combattre par devoir; et d'ailleurs qui sait, en temps de révolution, la portée de ce qu'il fait? Qui peut dire ceci est utile, ceci est inutile? Qui connaît les lois cachées du flux et du reflux de l'opinion publique? Quand le paysan sème au milieu de l'orage, sait-il si le grain qu'il jette et que le vent emporte loin du sillon auquel il était destiné, n'ira pas fructifier sur quelque coin de terre qui serait demeuré stérile?

Le plus grand danger des révolutions, c'est que la grandeur et l'inattendu des événements met si bien en relief la faiblesse des hommes que les majorités se sentent tout-à-coup prises un découragement profond, d'une prostration complète, et laissent impunément passer arbitraire d'un gouvernement incapable, iner ou corrompu, les folies-sanglantes ou ruineuses d'une minorité sans autre titre qu'une audace trop facile. Semblables à ces hommes que premier flot de l'inondation a chassés de leurs demeures, et qui, rendus apathiques de terreur, s'asseyent sur la rive, en regardant stupidement passer ce que le torrent emporte de leur maison à demi engloutie, sans s'apercevoir que le fleuve monte, monte, et qu'en n'agissant pas ils perdent jusqu'aux derniers débris de leur fortune de leur avenir.

Tels sont les motifs pour lesquels j'ai écrit; puissent-ils décider quiconque croit avoir une idée utile à émettre — c'est dans ce but que je les ai exposés; — le chœur des hommes d'ordre et de patriotisme réel n'aura jamais trop de voix pour dominer le bruit de la tempête. Et d'ailleurs il s'agit bien moins maintenant de cueillir une palme littéraire, dès le lendemain fanée par l'oubli, que de faire acte de civisme et de courage, en luttant jusqu'au bout et de toutes ses forces contre la désorganisation qui menace notre malheureuse patrie et la misère qui envahit nos provinces au pas de course.

Pour ma part j'éleverai la voix à toutes les portes de l'opinion publique; et si, comme je ne le crains que trop, l'initiative d'une loi sur l'utilisation des ateliers nationaux, efficace et équitable pour toutes les parties de la France, n'est pas prise par notre simulacre de gouvernement, je ferai appel au patriotisme, à l'amour et au besoin d'ordre, à l'égoïsme intelligent des gouvernés, afin que dans chaque arrondissement, prenant eux-mêmes l'initiative laissée à l'abandon, ils s'associent et demandent à l'assemblée nationale de leur donner les moyens de créer chez eux des ateliers nationaux.

Puisque le gouvernement ne sait ou ne peut les sauver, du moins les laissera-t-il essayer de se sauver eux-mêmes, et sauver leurs provinces de l'anarchie et de la faim.

MORTAIN, IMPRIMERIE DE L.-J. MATHIEU.

www.ingramcontent.com/pod-product-compliance
Lightning Source LLC
Chambersburg PA
CBHW051354050726
47595CB00006B/2551